Jan C. Etscheid

Die gemeinsame Außen- und Sicherheitspolitik der Europäischen Union

Eine neue Weltmacht Europa

GRIN Verlag

Bibliografische Information der Deutschen Nationalbibliothek:

Die Deutsche Bibliothek verzeichnet diese Publikation in der Deutschen National-
bibliografie; detaillierte bibliografische Daten sind im Internet über http://dnb.d-
nb.de/ abrufbar.

Impressum:

Copyright © 2011 GRIN Verlag GmbH
Druck und Bindung: Books on Demand GmbH, Norderstedt Germany
ISBN: 978-3-656-08881-3

Dieses Buch bei GRIN:

http://www.grin.com/de/e-book/183684/die-gemeinsame-aussen-und-sicherheitspo-
litik-der-europaeischen-union

GRIN - Your knowledge has value

Der GRIN Verlag publiziert seit 1998 wissenschaftliche Arbeiten von Studenten, Hochschullehrern und anderen Akademikern als eBook und gedrucktes Buch. Die Verlagswebsite www.grin.com ist die ideale Plattform zur Veröffentlichung von Hausarbeiten, Abschlussarbeiten, wissenschaftlichen Aufsätzen, Dissertationen und Fachbüchern.

Besuchen Sie uns im Internet:

http://www.grin.com/

http://www.facebook.com/grincom

http://www.twitter.com/grin_com

Jan C. Etscheid

Die Außen- und Sicherheitspolitik der Europäischen Union

Eine neue Weltmacht Europa?

Diese Seminararbeit wurde 2011 als Seminararbeit im Rahmen des W-Seminars am Michaeligymnasium München zur Prüfung vorgelegt.

Inhaltsverzeichnis

Danksagung

Diese Seminararbeit wäre nicht ohne die Unterstützung einer Vielzahl von Personen möglich gewesen. Insbesondere danke ich der engagierten Geschichts- und Sozialkundelehrerin Liesel Baumer-Weismann. Um den Schülern das Gebilde Europa näher zu bringen hat sie in den letzten zwei Jahren das W-Seminar „Der Europäische Einigungsprozess" angeboten, welches ohne Sie wohl nie zustande gekommen wäre.

Ebenso möchte ich mich bei Carsten Wilms, Ständiger Vertreter der BRD in Chişinău, und Wolfgang Behrendt, Head of Political and Economic Section der Europäischen Botschaft in Chişinău, für die bereitwillige Auskunft in Form eines Interviews bedanken.

Weiterer Dank gilt Florian Etscheid, der das Cover dieser Arbeit nach meinen Wünschen entworfen hat und letztendlich für den erfolgreichen Druck verantwortlich ist. Dafür möchte ich mich an dieser Stelle und natürlich auch bei allen nicht genannten bedanken.

München, im Herbst 2011

Jan C. Etscheid

1. Der Vertrag von Lissabon

In unserer globalisierten Welt wird das Vorhandensein von verlässlichen Partnerschaften und Verbündeten kontinuierlich an Bedeutung gewinnen. Und so ist es nicht nur der Anspruch der Europäischen Union an sich selbst[1], sondern auch eine Forderung anderer globaler Akteure, eine einheitliche europäische Außenpolitik zu verwirklichen. Doch gerade dieses Thema wurde in der Vergangenheit oft gezielt umgangen, erst mit dem Vertrag von Lissabon wurden die Weichen für eine wirklich effektive und handlungsfähige Außenpolitik geschaffen. Wenig andere Bereiche wurden in diesem Vertrag so umfangreich reformiert[2]. Denn während vorher die GASP durch die notwendige Einstimmigkeit weitgehend gelähmt war und Mitgliedsstaaten ihre Interessen weitestgehend ohne Rücksicht auf andere EU-Mitglieder durchsetzen konnten, wird nun versucht mit einer Stimme zu sprechen. Dass dies ein schwieriger Prozess sein wird steht außer Frage, doch mit dem Erlangen der Rechtspersönlichkeit[3] durch den Vertrag von Lissabon ist zweifellos ein erster Schritt getan.

Durch das Inkrafttreten des Vertrags von Lissabon am 01.12.2009[4] wurde die GASP einer umfangreichen Weiterentwicklung unterzogen. Hierbei sollte vor allem eine klare Linie gezogen werden um die EU als internationalen Akteur zu etablieren.

Die wohl bedeutendste Änderung betrifft die Einführung des Amts des „Hohen Vertreters", der zukünftig die EU in der Welt repräsentieren wird[5]. Dieses Amt war auch eine der Schlüsselstellen in den Vertragsverhandlungen, da vor allem Großbritannien das von anderen Staaten geforderte Amt des „EU-Außenministers" vehement ablehnte[6], dennoch wurde mit dem Amt des Hohen Vertreters auch das des Vizepräsidenten der Kommission verknüpft. Der dabei entscheidende Punkt ist die Verschmelzung von intergouvernementalen und supranationalen Institutionen, was als ein erster Schritt zu einer supranationalen GASP gesehen werden kann, allerdings wird im Vertrag explizit der Bestand als GASP als eigene, intergouvernementale Säule festgeschrieben, sodass hier keine großen Schritte zu erwarten sind[6]. Nach schwierigen Verhandlungen wurde auch die Einrichtung des EAD zur Unterstützung des Hohen Vertreters beschlossen. Ebenso sollen der EU in den nächsten Jahren schlagkräftige militärische Einheiten zur Verfügung stehen.

In der folgenden Seminararbeit möchte ich diese Veränderungen erklären und die daraus resultierenden Folgen für die EU darlegen. Ebenso wird der momentane Stand der beschlossenen Projekte vorgestellt und kritisch bewertet und auch die neuen supranationalen Elemente in der GASP vorgestellt und kritisch bewertet.

---

[1] Vgl. Europäische Kommission, Die EU in der Welt. Die Außenpolitik der europäischen Union, Luxemburg/Brüssel 2007, http://ec.europa.eu/publications/booklets/move/67/de.doc (eingesehen am 16.06.11)
[2] Vgl. Christoph Herrmann, Verbessert der Lissaboner Vertrag die außenpolitische Handlungsfähigkeit der EU?, Hanns-Seidel-Stiftung, S.1
[3] Vgl. http://www2.jura.uni-halle.de/telc/Heft4.pdf
[4] Vgl. http://europa.eu/lisbon_treaty/glance/index_de.htm
[5] Vgl. Algieri, Franco 2010, S.
[6] Vgl. Schmidt, Siegmar 2010, S.211f

2. Die Außen- und Sicherheitspolitik der EU

2.1 Überblick

2.1.1 Der Status der EU in der Welt

Seit der Gründung der EU haben sich sowohl das internationale Umfeld als auch damit verbunden die Anforderungen an die GASP stark verändert. Während die Jahrzehnte nach dem 2. Weltkrieg bis 1990 von der Bipolarität zwischen USA und UdSSR geprägt waren[7], wurde nach dem Ende der Sowjetunion die USA die weltweit einzige Supermacht. Mitte der 1990er Jahre hatte man folglich eine Unipolarität, da kein anderer Staat in der Lage war, sowohl wirtschaftlich als auch diplomatisch oder militärisch mit den USA auf einer Stufe zu stehen[8].

Es zeichnete sich zwar immer deutlicher der Aufschwung vieler asiatischer Staaten ab, doch blieb deren globaler Einfluss begrenzt, auch da die Finanzkrise den Aufschwung Mitte der 90er Jahre stark verlangsamte. In Europa wurde durch den Kosovo-Krieg das Thema der militärischen Machtausübung in das Bewusstsein gerückt wobei durch die Schaffung der ESVP der Gedanke an eine rein zivile Macht der EU sein Ende nahm[9].

Als nach 09/11 die Verletzlichkeit der USA bewusst wurde und auch China, Indien und Russland ihren globalen Einfluss vergrößerten, zeichnete sich das zukünftige Weltbild einer multipolaren Welt ab, wobei nicht nur in der EU Stimmen laut wurden, auch die EU müsse einer dieser Pole der Macht werden[10]. Heute wird die USA noch als die führende Supermacht wahrgenommen, es wird zwar damit gerechnet, dass sie diesen Status in den nächsten 20 Jahren verlieren wird, aber noch immer eine Führungsrolle ausübt[11]. Eine solche Führungsrolle beansprucht die EU ebenfalls für sich, sodass man von einer multipolaren Welt sprechen kann, deren Großmächte die USA, China, Russland Indien und die EU sein werden[12]. Allerdings herrscht international Skepsis ob der globalen Handlungsfähigkeit der EU, vor allem auch bezüglich der militärischen Mittel, die eine Supermacht zwingend benötigt[13].

2.1.2 Souveränität der Mitgliedsstaaten

Aufgrund der internen Differenzen pochen die Mitgliedsstaaten je nach Größe auf ihre Souveränität. So werden Staaten auch in eigentlich supranationalen Feldern aktiv, wie z.B. in der Wirtschaftsaußenpolitik. So wurde in der Vergangenheit oft, um die nationale Wirtschaft zu schützen, von der Kommission die Ermächtigung zur Überwindung wirtschaftlicher Schwierigkeiten[14] angefordert. Auch setzten Staaten wie Deutschland oder Großbritannien durch, dass nationale bilaterale Verträge, die bereits vor der Gründung der EU mit Drittstaaten abgeschlossen wurden, weiterhin unabhängig Gül-

---

[7] Vgl. http://www.bpb.de/themen/
36HEVF,0,0,Der_Beginn_der_Bipolarit%E4t.html
[8] Vgl. Algieri, F.; Die GASP der EU, S.23ff
[9] Vgl. Ondarza, N. (2010) s. 44ff
[10] Vgl. Algieri, F.; Die GASP der EU, S.23ff
[11] Vgl. http://www.genius.co.at/index.php?id=388
[12] Vgl. Supermächte im 21. Jahrhundert, Bertelsmann Stiftung
[13] Vgl. Roithner, T. 2008, S.210ff
[14] Vgl. Art. 132 EGV

tigkeit besitzen[15]. Daher bleibt es in der Praxis für die EU oft schwierig, eine einheitliche Linie in internationalen Verhandlungen zu bringen, da viele nationale Verträge und Interessen berücksichtig werden müssen[16].

Davon abgesehen war, wie auch in vielen anderen Bereichen, in der GASP fast immer eine einstimmige Beschlussfassung nötig, sodass einzelne Mitglieder mit diesem Vetorecht nationale Interessen über die Interessen der Union stellten. Im Vertrag von Nizza wurde daher die verstärkte Zusammenarbeit auf die GASP ausgedehnt, wobei sie nur als letztes Mittel angewandt werden sollte[17]. Außerdem wurden im Vertrag von Lissabon Ausnahmen definiert, in deren Falle eine qualifizierte Mehrheit zur Beschlussfassung ausreichend ist, wie z.B. Beschlüsse zur Festlegung der Standpunkte der EU oder zur Ernennung von Sonderbeauftragten[18]. Allerdings kann ein Mitgliedsstaat diese Entscheidungen aufschiebend blockieren und den Vermittlungsausschuss anrufen. Abgesehen davon bleibt bei militärischen oder verteidigungspolitischen Beschlüssen das Einstimmigkeitsprinzip bestehen[19].

Obwohl das Problem des Einstimmigkeitsprinzips schon in den 1990er Jahren als Ursache für die geringe Effizienz der GASP ausgemacht wurde, halten die Staaten bis heute daran fest. Die nicht ausreichende Bereitschaft die GASP zu supranationalisieren wird auch weiterhin einheitliche Entscheidungen erschweren. Sollte sich hier keine neue Lösung ergeben, wird keine wirklich effektive GASP möglich sein.

2.2 Der Europäische Auswärtige Dienst

2.2.1 Catherine Ashton

Im Rahmen der Einrichtung des Europäischen Auswärtigen Dienstes wurde Catherin Ashton zur „Hohe Vertreterin der EU für Außen- und Sicherheitspolitik" ernannt[20], was in weiten Teilen der Bevölkerung auf Unverständnis stieß[21]. Die 1956 geborene Britin war zwar von 1999 an Mitglied des „House of Lords" und bekleidete einige Ämter wie Staatssekretärin oder „Member of Privy Council"[22], dennoch war ihr Bekanntheitsgrad sowohl in Großbritannien aber vor allem in den anderen EU-Staaten sehr gering. Für Verwunderung sorgte die Entscheidung vor allem aber deshalb, weil Mrs. Ashton vorher nie mit außenpolitischen Aufgaben vertraut gewesen war und nur durch die Unterstützung der Labour-Party eine Funktionärslaufbahn beginnen konnte[23].

2008 ging Mrs. Ashton nach Brüssel, wo die Stelle des Handelskommissars frei geworden war[3]. Auch für diesen Posten wurde sie jedoch als Fehlbesetzung bezeichnet wie Nigel Farradge UKIP im Parlament anmerkte: „"Wenn man ihren Lebenslauf anschaut ist da keine Qualifikation zu erkennen, um

---

[15] Vgl. Fröhlich, Stefan 2008, S.50
[16] Vgl. Fröhlich, Stefan 2008, S.52
[17] Vgl. Algieri, Franco 2010, S.77f
[18] Vgl. Art. 31(2) EUV-L
[19] Vgl. Art. 31(4) EUV-L
[20] Vgl. Algieri, Franco 2010, S. 61ff
[21] Vgl. http://www.tagesschau.de/ausland/ashton116.html
[22] Vgl. http://ec.europa.eu/commission_2010-2014/ashton/about/cv/index_en.htm
[23] Vgl. http://www.faz.net/aktuell/politik/europaeische-union-ein-beginn-ohne-strahlen-1886647.html

diesen Job zu übernehmen in so einer gefährlichen Zeit", worauf die erwiderte, dass in diesem Posten vor allem ihr Verhandlungsgeschick gefragt sei, das sie zweifelsohne besitze.

Diese Qualifikation führte sie auch auf kritische Nachfrage im Parlament bezüglich ihrer Ernennung zur „Hohen Vertreterin der Union", die mit dem Amt des Vizepräsidenten der Europäischen Kommission verbunden ist, an. Doch diese Antwort konnte weder die Presse noch die Bevölkerung zufriedenstellen. So kritisierte BBC-Korrespondent Gavin Hewett, dass das eigentliche Ziel, der EU eine stärkere Stimme auf der Weltbühne zu geben mit der Ernennung zweier völlig Unbekannten [Ashton und van Rumpoy] komplett verfehlt wurde[24]. Ebenso kritisiert wurde der Umstand, dass Ashton noch nie in ein politisches Amt gewählt wurde und keine Fremdsprache fließend beherrscht. Verwunderlich ist die Wahl vor allem, da es eine Zahl bekannter und durchaus qualifizierter Kandidaten gab, wie z.B. den ehemaligen britischen Premier-Minister Tony Blair oder der damalige britische Außenminister David Miliband. Das einzig klar definierte Ziel der SPE war es, einen Sozialdemokraten in dieses Amt zu bringen[18].

Zu Mrs. Ashton's Hauptaufgaben zählt nun die Vertretung der EU bei wichtigen weltpolitischen Ereignissen und vor allem auch der Aufbau des „Europäischen Auswärtigen Dienst[es]"[25]. Durch diese Vielzahl von zeitintensiven Aufgaben, vor allem durch ihre gleichzeitige Vizepräsidentschaft der Kommission ist es ihr nicht möglich bei wichtigen Ereignissen persönlich anwesend zu sein, wie beim Erdbeben in Haiti oder der Friedensnobelpreisverleihung an Liu Xiaobo. Infolgedessen kritsierte sie, dass sie mit zu vielen Aufgaben betraut sei und ihr vor allem für die Einrichtung des Auswärtigen Dienstes zu Ressourcen fehlen[26].

Catherin Ashton wurde 2008 von den Staats- und Regierungschefs der Mitgliedsstaaten vorgeschlagen und vom EU-Parlament bestätigt und somit auf 5 Jahre bis 2013 gewählt. März 2010 legte sie einen ersten Entwurf des neuen EAD vor, der unter den Mitgliedsstaaten jedoch weitgehend auf Ablehnung stieß[27].

2.2.2 Ziele des EAD

Die Einrichtung des EAD war bereits in der gescheiterten EU-Verfassung vorgesehen und wurde im Vertrag von Lissabon gegründet[28]. Als Hauptziel wurde damals die „Stärkung der Rolle der EU in der Welt" genannt.
Dieses Ziel wurde jedoch von den einzelnen Mitgliedsstaaten unterschiedlich aufgefasst. Während die großen Staaten durch den EAD eine Schwächung ihrer nationalen Dienste unbedingt verhindern wollten, war es das Ziel der kleineren Staaten ihren weltpolitischen Einfluss durch den EAD mit Hilfe der großen Staaten zu vergrößern[29].

---

[24] Vgl. http://www.dw-world.de/dw/article/0,,4911599,00.html
[25] Vgl. Algieri, Franco 2010, S. 61f
[26] Vgl. http://www.euractiv.de/druck-version/artikel/ashton-versteht-ihre-aufgabe-nicht-004796
[27] Vgl. http://www.euractiv.de/europa-2020-und-reformen/artikel/ashtons-franzsische-spinne-im-ead-netz-002896
[28] Vgl. Algieri, Franco 2010, S. 67ff
[29] Vgl. Algieri, Franco 2010, S. 68f

Ein primäres Ziel des EAD ist es, den Hohen Vertreter in seiner Arbeit zu unterstützen und geographisch sowie thematisch differenziert Handlungsmöglichkeiten und Problemlösungen zu erarbeiten[30]. Dabei werden aber sowohl die Handelspolitik als auch Entwicklungspolitik in der Verantwortung der Kommission verbleiben. Durch diese Entscheidung werden zwei der wichtigsten Entscheidungsfelder, die im Bereich des EAD angesiedelt sind, vollkommen von diesem gelöst. Diese Entscheidung wurde daher auch in der internationalen Presse als Misstrauensbeweis für den neugeschaffenen EAD gesehen, da sich die Kommission die wichtigen Aufgaben selbst vorbehalten möchte[31].

Eine wichtige Änderung durch den Vertrag von Lissabon betrifft auch die Vertretungen in Drittstaaten. Während sie früher der Kommission unterstellt waren, sind sie nun der europäischen Union unterstellt und damit auch in den EAD eingebunden[32]. Die Vertretungen sollten sich außerdem nach Möglichkeit in engem Kontakt mit den nationalen Botschaften der Mitgliedsstaaten befinden und ergänzend nebeneinander arbeiten. Es ist nicht vorgesehen, die nationalen Botschaften durch eine EU-Botschaft zu ersetzen[33].

Einer der wichtigsten Bereiche im EAD ist heutzutage der alleinige Auftritt als Akteur im Außenhandel. Das heißt konkret, dass der EAD für alle 27 Mitgliedsstaaten verbindliche Abkommen zu Im- und Export, freiem internationalen Handel (=Freihandelsabkommen/vgl. Moldau) und technischen Normen schließen kann[34]. Gerade hier ist ein geschlossenes Auftreten sehr wichtig, da einzelne Staaten nur sehr begrenzt ihre Interessen durchsetzen können, während die EU mit über 19% aller weltweiten In- und Ausfuhren weltweit als sehr wichtiger Handelspartner wahrgenommen wird[35].

Daneben erfüllt bzw. soll der EAD in der Zukunft weitere wichtige Aufgaben erfüllen, wie z.B. die Überprüfung der Menschenrechte in Drittstaaten, erarbeiten von Lösungen zu Konflikten, Stabilisierung und Regulierung der internationalen Finanzmärkte oder Unterstützung von Friedensprozessen[36]. Diese Aufgaben, die heute fast ausschließlich von den einzelnen Staaten wahrgenommen werden, sollen somit an die „Stimme der 27" übergehen. Es wird interessant sein, inwiefern sich diese Entwicklung in den nächsten Jahren vollziehen wird und ob diese Ziele verwirklicht werden können. Prinzipiell ist EAD auf jeden Fall jedoch ein Schritt zu einer stärkeren Stimme Europas in der Welt und damit verbunden auch einer verbesserten Außenwirkung. Inwiefern die Souveränität der Mitgliedsstaaten in Zukunft durch den EAD eingeschränkt werden wird bleibt abzuwarten.

2.2.3 Organe und Instrumente

Die Strukturen und Instrumente des EAD sind noch, wie der ganze EAD, noch im Aufbau und daher heute etwas unklar. Durch den Vertrag von Lissabon wurden im Wesentlichen nur die Zuständigkeitsbereiche abgesteckt und das Amt des „Hohen Vertreters" geschaffen[37]. Der Aufbau selbst sollte durch den Hohen Vertreter, Catherin Ashton, geplant und schrittweise durchgeführt werden. Der

---

[30] Vgl. Algieri, Franco 2010, S. 61f
[31] Vgl. http://bonnsustainabilityportal.de/?p=6548&lang=de
[32] Vgl. Algieri, Franco 2010, S. 69
[33] Vgl. Interview 1
[34] Vgl. Fröhlich, Stefan 2008, S.40f
[35]
[36] Vgl. Fröhlich, Stefan 2008, S.77f
[37] Vgl. Vertrag von Lissabon §27

erste Entwurf dazu wurde März 2010 dem Rat der EU vorgelegt und von diesem am 26.04.2010[38] mit leichten Änderungen angenommen.[39]

Demnach wird das Personal sowohl Beamte der Kommission als auch des Rates und Mitarbeiter der nationalen diplomatischen Dienste umfassen[40]. Die klare Vorgabe aus dem Parlament war es jedoch, eine Machtkonzentration auf eine Person hin zu verhindern und auch bei der Besetzung der Posten auf eine gleichmäßige Verteilung zu achten.[41] Weiterhin setzte das Parlament durch, dass Mrs. Ashton während ihrer Abwesenheit, z.b. bei Auslandsbesuchen, von einem Kommissar vertreten wird, wodurch ständig eine Schnittstelle zwischen Parlament und EAD gewährleistet sein sollte. [42] Allerdings bekommt das Parlament keinen direkten Einfluss auf die Entscheidungen des EAD, die ausschließlich dem Rat vorbehalten sein werden, allerdings muss das Parlament das Budget bewilligen und kann so indirekt Einfluss nehmen.[43]

Klar ist heute nur, dass sich der Hauptsitz in Brüssel in drei Generaldirektionen geteilt werden soll. Die erste ist die geographische Abteilungen, eingeteilt in Länder und Gebiete um die ganze Welt abdecken zu können. Neben diesen geographischen Referaten wird es einen komplexen Verwaltungsapparat geben, der für die Sicherheit, den Haushalt und Personal zuständig sein wird. Die dritte Generaldirektion wird das Krisenmanagement umfassen, das heißt den Militärstab der EU, das Lagezentrum und weitere Instrumente zur Durchführung der GASP in Krisensituationen.[44] Außerdem werden die heute 136 Delegationen der Europäischen Union[45] einen bedeutenden Teil zu einem funktionierenden EAD beitragen. Diese sollen ähnlich den nationalen Botschaften in engem Kontakt zu den Regierungen, die EU repräsentierend, stehen und zu möglichen Problemen und Konflikten Lösungen erarbeiten und auch umsetzen. Außerdem unterrichten sie die EU über aktuelle Ereignisse unterrichten.

Insgesamt ist das ganze Gebilde EAD noch sehr unübersichtlich und die Strukturen noch nicht wirklich klar. Die Anfang 2010 veröffentlichten Entwürfe sind sicherlich ein erster Schritt aber noch keineswegs ein Plan zu einem funktionierenden diplomatischen Dienst. Die groben Züge, die eine mögliche Personalstruktur sowie die Integration der Vertretungen aufzeigen, lässt jedoch Kritiker ein sehr bürokratisches und schwerfälliges Gebilde erahnen.

2.2.4 Meinung der Staaten

Die Mitgliedsstaaten der EU verfolgen, die auch bei den meisten anderen Entscheidungen, primär nationale Interessen. [46] Folglich wurde bereits um Vertrag von Lissabon um viele Formulierungen

---

[38] Vgl. http://www.euractiv.com/de/zukunft-eu/ashton-praesentiert-neues-design-fuer-eu-diplomatendienst-news-473240
[39] Vgl. Ashton, Catherin: Establishing the organisation functioning of the European External Action Sevice
[40] Vgl. http://www.euractiv.de/globales-europa/linkdossier/der-europaeische-auswaertige-dienst-ead-000120
[41]Vgl. http://www.euractiv.de/fileadmin/images/ EAD_Brok_Verhofstadt_2010March18.pdf%20
[42] Vgl. http://www.euractiv.com/de/zukunft-eu/eu-aussenpolitik-ashton-bekommt-drei-commissare-als-stellvertreter-news-343554
[43]Vgl.http://de.wikipedia.org/wiki/Europ%C3%A4ischer_Ausw%C3%A4rtiger_Dienst#Konflikt_.C3.BCber_die_Organisationsstruktur_des_EAD
[44]Vgl.http://europa.eu/legislation_summaries/foreign_and_security_policy/cfsp_and_esdp_implementation/rx 0013_de.htm
[45] Vgl. http://eeas.europa.eu/delegations/web_en.htm
[46] Vgl. http://www.wsws.org/de/2008/dez2008/eu-d13.shtml

gerungen, da vor allem Deutschland, Frankreich und Großbritannien keine Kompetenzen an den EAD abgeben möchten, kleinere Staaten aber ebenso ein Mitspracherecht und keine Dominanz einiger großer Staaten möchten. [47]

Prinzipiell begrüßen zwar die Mitgliedsstaaten die Einrichtung des EAD, der jedoch unter den nationalen Botschaften positioniert sein sollte. Denn gerade in außenpolitischen Angelegenheiten möchte jeder Staat gerne seine eigenen Interessen gewahrt wissen, die weit vor denen der Union stehen. Außerdem würde sich im Falle einer Alleinvertretung durch die EU auch die Frage nach der Entscheidungsgewalt stellen, vor allem in Fragen wie z.B. Kosovo, der nicht von allen Staaten der EU anerkannt wird[48]. Der deutsche stellvertretende Botschafter Carsten Wilms sieht den EAD als eine Unterstützung und keinesfalls als Konkurrenz an, wie er in einem Interview[49] betonte. Allerdings wird von deutscher Seite immer wieder gefordert, den EAD sowohl von der Kommission als auch vom Rat weit möglichst unabhängig operieren zu lassen[50], um einen Interessenkonflikt zu vermeiden.

Nach der Meinung vieler Mitgliedsstaaten sollte sich der EAD vor allem auch repräsentative Aufgaben konzentrieren und so das Ansehen der EU in der Welt steigern[51]. Andererseits soll der EAD Aufgaben bezüglich der zweiten Säule übernehmen[52], z.B. bezüglich der Zollpolitik, Handelspolitik oder Asylpolitik, in denen die EU supranational für die Gesamtheit aller Staaten spricht[53]. Außerdem versprechen sich die nationalen Vertretungen eine Entlastung im Bereich der Menschenrechte, Wahlbeobachtung und Demokratieförderung[54].

Wie sich der EAD in den nächsten Jahren und Jahrzehnten entwickelt, wird stark von der Kooperation der Mitgliedsstaaten abhängen. Sollte sich das System bewähren könnten dem EAD weitere Aufgaben übertragen werden. Doch das alles ist heute absolut nicht absehbar[55].

2.2.5 Stand des Aufbaus

Nach dem Beschluss zum Aufbau des EAD wurde Catherin Ashton beauftragt, ein Konzept zu erarbeiten und umzusetzen[56]. Zu diesem Zweck legte sie eine erste Struktur im April 2010 vor, das von der Kommission und auch dem Parlament angenommen und mit einem Budget ausgestattet wurde.

Am 15.09.2010 ernannte Catherin Ashton die ersten 29 Botschafter des EAD, die ab 01.12.2010 ihre Arbeit aufnahmen. Damit waren insgesamt 45 von 149 Führungspositionen in EU-Vertretungen durch nationale Botschafter besetzt, womit die geforderte Quote von 1/3 schon beinahe erreicht wurde.[57] Am 01.01.2011 wechselten weitere 1525 Beamte von der Kommission und dem Generalsekretariat

---

[47] Vgl. Mauer, A./Reichel 2004 in Algieri, F. 2010; p. 69
[48] Vgl. http://www.euractiv.com/de/erweiterung/eu-staaten-uneins-kosovo/article-170386
[49] Vgl. Interview 2, Anhang
[50] Vgl. http://www.bundestag.de/presse/hib/2009_11
/2009_283/01.html
[51] Vgl. http://www.euractiv.de/342/artikel/der-ead---aussenpolitik-auf-hohem-niveau-004034
[52] Vgl. http://www.examen-europaeum.com/EEE/pdf/DiedreiSaeulen.pdf
[53] Vgl. http://www.eu-oplysningen.dk/euo_en/spsv/all/11/
[54] Vgl.http://de.wikipedia.org/wiki/Europ%C3%A4ische_Gemeinschaft#Einordnung_in_die_drei_S.C3.A4ulen_d
er_Europ.C3.A4ischen_Union
[55] Vgl. Interview 1, Anhang
[56] Vgl. http://www.epochtimes.de/570378_eu-aussenminister-ringen-um-aufbau-von-auswaertigem-dienst-
fuer-europa.html
[57] Vgl. http://www.eu-info.de/dpa-europaticker/192940.html

des Rats zum EAD, sodass heute ca. die Hälfte des angestrebten Personalstabs erreicht ist[58]. In den nächsten Jahren sollen zudem neue Vertretungen eröffnet werden, um Staaten und Regionen einen direkteren Kontakt mit der EU zu ermöglichen[59].

Spätestens Mitte 2012 wird Catherin Ashton einen ersten Status-Bericht veröffentlichen, in dem sie die bisherige Umsetzung ihres Plans darlegt und mögliche Veränderungen bzw. Verbesserungen erläutert. Spätestens ab dem 01.07.2013 werden sich auch Personen, die bisher nicht bei der EU tätig waren, auf eine Stelle im EAD bewerben können[60].

2014 soll nach jetzigem Stand der Aufbau des EAD abgeschlossen sein, wobei hier eine Analyse nach Verbesserungsmöglichkeiten geplant ist, um eventuelle Fehler, die im Vertrag von Lissabon gemacht wurden, zu berichtigen[5].

2.3 Militärische Mittel der EU

2.3.1 EUFOR

Um die EU auch militärisch bedeutsamer werden zu lassen, werden seit 2003 Einsätze multinationaler Militärverbände als EUFOR (von engl. European Union Force) bezeichnet[61].

Die EUFOR untersteht dem Politischen und Sicherheitspolitischen Komitee der EU[62], das aus hohen Beamten, Botschaftern oder den politischen Direktoren der Außenministerien der Mitgliedsstaaten bestehen. Der Vorsitz der PSK wechselt mit der Ratspräsidentschaft im Halbjahresrythmus. Dadurch sind die EUFOR weitestgehend unabhängig von der Hohen Vertreterin für die Gemeinsame Außen- und Sicherheitspolitik, Catherine Ashton, da der Vorschlag Deutschlands und Frankreichs, den Vorsitz des PSK dauerhaft dem Hohen Vertreter zu übertragen, abgelehnt wurde[63].

Im Falle eines Beschlusses für einen militärischen Einsatz durch den europäischen Rat wird durch das PSK ein militärisch Verantwortlicher Operation Commander eingesetzt. Aufgrund der fehlenden Einsatzstruktur der EU wird diese von einem der teilnehmenden Staaten übernommen[64].

Der erste Einsatz der EUFOR erfolgte im März 2003, als die Operation Concordia[65] in Mazedonien zur Überwachung des Abkommens von Ohrid[66] durchgeführt wurde. Diese erste und nicht sonderlich

[58] Vgl. http://www.inge-graessle.de/image/inhalte/file/Graessle%20Botschafterernennungen%2003%2008%202011.pdf
[59] http://www.handelsblatt.com/politik/international/machtkampf-um-den-neuen-europaeischen-aussendienst/3380358.html?p3380358=all
[60] http://www.euractiv.de/globales-europa/linkdossier/der-europaeische-auswaertige-dienst-ead-000120

[61] Vgl. Unterseher, L. (2008), s. 246ff
[62] Vgl. http://de.wikipedia.org/wiki/EUFOR
[63] Vgl. http://de.wikipedia.org/wiki/Politisches_und_Sicherheitspolitisches_Komitee
[64] Vgl. http://europaskriege.wordpress.com/fact-sheets-zu-eu-einsatzen/fact-sheet-eufor-althea/
[65] Vgl. http://www.consilium.europa.eu/eeas/security-defence/eu-operations/completed-eu-operations/concordia.aspx?lang=bg
[66] Vgl. http://www.pelagon.de/?p=3079

anspruchsvolle Mission diente vor allem als Testlauf um Fehler in den Einsatzstrukturen zu beheben[67].

Die erste autonom geführte Mission zur Unterstützung der UN wurde durch die EUFOR 2006 im Kongo durchgeführt, um die dortigen Wahlen zu schützen. Durch den Beschluss des Rates der EU vom 27.04.2006 wurden insgesamt 2400 Soldaten aus den Mitgliedsstaaten in den Kongo gesandt[68]. Die militärische Führung lag bei der deutschen Bundeswehr, weshalb es zu einigen Meinungsverschiedenheiten vor allem mit Frankreich und Großbritannien kam. Infolgedessen wurde der Einsatz in der Öffentlichkeit als Beweis dafür gesehen, dass die EU offensichtlich aufgrund interner Meinungsverschiedenheiten nicht in der Lage ist „einen verlässlichen Beitrag zur Sicherung des Weltfriedens zu leisten oder gar als Supermacht zu agieren[69]". Diese Ereignisse lösten auch innerhalb der Union eine Diskussion über die zukünftige Rolle der EU aus, wobei verschiedenste Meinungen aufeinander trafen. Letztlich überwog jedoch die Meinung, dass die Bereitstellung militärischen Mittel nicht eines der primären Ziele der EU werden solle. Stattdessen solle die diplomatische und wirtschaftliche Funktion zur Friedenserhaltung gestärkt werden. Somit wurden die Ziele, die sich die Union selbst gab, klar definiert.

2.3.2 EU-Eingreif/Kampftruppen

1999 in Helsinki wurde die Bildung der EU-Eingreiftruppe beschlossen, um einen erster Schritt zu einer schlagfähigen militärischen Einheit der EU zu gehen[70]. Diese sollte bis zu 60.000 Soldaten umfassen und binnen 60 Tagen verfügbar sein um die Petersberger Aufgaben wie Friedenssicherung oder humanitäre Hilfe für bis zu ein Jahr zu übernehmen.

Nachdem dieses Ziel nicht wie vorgesehen bis 2003 erreicht wurde, entstand auf dem britisch-französischen Gipfel 2003 die Idee der EU-Battlegroups[71]. Diese sollten nicht dauerhaft zur Verfügung stehen, sondern jeweils für ein halbes Jahr von ein bis 3 der teilnehmenden Nationen gestellt werden. Durch diesen Schritt, der innerhalb der EU großen Anklang fand, sollte ein schnelles militärisches Eingreifen der EU im Rahmen der GASP in Krisen und Konflikte jederzeit möglich sein. So sollen die Battlegroups innerhalb von 10 Tagen einsetzbar sein und nach weiteren 5 Tagen das Einsatzgebiet erreichen, das in einem Umkreis von 6000 km um Brüssel liegen kann, womit auch Krisengebiete in Afrika und dem nahen Osten zu möglichen Einsatzgebieten zählen. Das Konzept ist auf eine autarke Operationsfähigkeit von bis zu 30 Tagen ausgelegt, bis dahin muss die Unterstützung z.B. durch regionale Truppen gewährleistet sein[72].

Diese Truppen werden nicht von der EU sondern direkt von den jeweils stellenden Staaten finanziert[73], ebenso ist es den Mitgliedsstaaten der EU freigestellt, sich an dem Projekt zu beteiligen, aktu-

---

[67] Vgl. http://eurojournal.org/more.php?id=85_0_1_6_M12

[68] Vgl.http://de.wikipedia.org/wiki/EUFOR#Mission_in_der_Demokratischen_Republik_Kongo_2003_.28Operation_Artemis.29

[69] Vgl. http://www.seidlers-sicherheitspolitik.net/2011/10/say-goodbye-to-prestige-thinking-quit.html

[70] Vgl. http://www.wissen-digital.de/Europ%C3%A4ische_Union

[71] Vgl. http://www.consilium.europa.eu/uedocs/cmsUpload/Battlegroups.pdf

[72] Vgl.http://www.europarl.europa.eu/meetdocs/2004_2009/documents/dv/091006eubattlegroups_/091006eubattlegroups_en.pdf

[73] Jonas, Alexandra 2010, S.95f

ell sind das alle EU-Mitgliedsstaaten mit Ausnahme von Dänemark aufgrund rechtlicher Bedenken und Malta aufgrund der zu geringen Größe, zusätzlich beteiligen sich auch Norwegen und die Türkei. Potenzielle Truppensteller sind somit alle EU-Mitgliedsstaaten, EU-Aufnahmekandidaten und auch andere Länder auf Einladung. Derzeit wird die erste Battlegroup von Griechenland, Bulgarien, Rumänien und Zypern gestellt, die zweite Einheit von Portugal, Spanien, Italien und Frankreich[74].

Durch die Einrichtung dieser Streitkräfte wurde die Handlungsfähigkeit der EU entscheidend erhöht. Die EU hat somit nun erstmals die Mittel militärisch in einen Konflikt einzugreifen oder auch Friedensmissionen fortzuführen, wie derzeit in Bosnien geplant. Die Battlegroups wären auch eine Option für einen Einsatz in Lybien gewesen, falls die EU die NATO-Mission unterstützt hätte. Dies wäre jedoch beinahe ein Ding der Unmöglichkeit gewesen, da hierfür eine Zustimmung aller Staaten notwendig gewesen wäre. Diese Zustimmung war jedoch nicht einmal in den großen außenpolitischen Mächten vorhanden. Während Frankreich sich sofort bereiterklärte den Einsatz zu unterstützen, zögerten Staaten wie Deutschland und beteiligten sich schließlich gar nicht. Hier muss für die Zukunft ein Verfahren zur einfacheren Beschlussfassung in Krisensituationen eingerichtet werden, damit in schwierigen Situationen schneller gehandelt werden kann, besonders wenn bereits ein Mandat des UN-Sicherheitsrates vorliegt und man sich an die Operation der NATO beteiligen köönte. In jedem Fall wurden aber durch die Battlegroups die sicherheitspolitischen Kompetenzen der EU stark vergrößert[75].

2.3.3 Die Europaarmee – Eine Alternative?

Bei all diesen Bemühungen um ein gemeinsames militärisches Auftreten der EU stellt sich auch die Frage, ob eine gemeinsame „Europaarmee" nicht zielführender wäre, als die nationalen Streitkräfte der Mitgliedsstaaten. Doch dieser Schritt stellt ein enormes Hindernis dar, vor allem da viele Staaten diesen Weg nicht beschreiten möchten[76].

Denn bei aller Gemeinsamkeit haben die Staaten bedingt durch historische Ereignisse und Rollen unterschiedliche Vorstellungen von ihrem Auftreten in der Welt. Während z.B. Großbritannien sich aufgrund ehemaliger Kolonien sehr stark an den USA orientiert und versucht so weltpolitischen Einfluss geltend zu machen, ist Deutschland dagegen aufgrund der zwei verursachten Weltkriege wesentlich defensiver eingestellt, möchte bei jedem Einsatz um jeden Preis zivile Opfer verhindern. Dennoch ist in allen Staaten der EU eine klare Grundsatzlinie in der Außenpolitik erkennen, wenn auch derzeit noch die nationalen Interessen über denen der EU stehen[77]. In den letzten Jahren jedoch bekam die Ansicht, dass einzelne Staaten immer weniger weltpolitisch ausrichten können, immer mehr Fürsprecher. So sind die europäischen Mächte Deutschland, Frankreich und Großbritannien zu dem Schluss gekommen, dass in den Verhandlungen mit dem Iran über die Einstellung des Atomprogramms der Druck eines Staates bei weitem nicht ausreicht, sondern hier ein Bund oder eine Union geschlossen als Ganzes auftreten muss. Diese Einsicht könnte auf die Streitkräfte übertragen heißen, dass eine gemeinsame Armee wesentlich effektiver wäre als die jetzigen nationalen Verbände[78]. Dafür müssten jedoch auch wesentliche Grundsätze, die für bestimmte Staaten unverzichtbar sind, in die gemeinsame „Verfassung" aufgenommen werden, wie z.B. die in der deutschen und

---

[74] Vgl. http://de.wikipedia.org/wiki/EU_Battlegroup#Multinationalit.C3.A4t
[75] Vgl. Mölling, Christian 2007, S.6ff
[76] Vgl. Ondarza, Nicolai von 2010, S. 44f
[77] Vgl. Brummer, K,/ Florack, M./ Lang, S. 2008, S. 126ff
[78] Vgl. Truger, Arno 2008, S.133f

französischen Verfassung verankerten Erklärung, einen Angriffskrieg unter keinen Umständen zu unterstützen, was auch eine in allen Mitgliedsstaaten vertretene Meinung darstellt. Schwieriger wäre die Abgrenzung der Kompetenzen von der NATO und auch vom UN-Sicherheitsrat[79]. Denn hätte ein Bündnis von 27 oder mehr Staaten auch das Recht, ohne Mandat des Sicherheitsrates militärisch aktiv zu werden oder sollte gar verankert werden, dass ein Einsatz nur durch ein solches Mandat legitimiert werden kann? Zum anderen wäre ein solches Bündnis auch eine direkte Konkurrenz zur NATO, zu deren Kernbereichen die Verteidigung gegen Kräfte von außen zählt, und damit eine Abschwächung der Beziehungen zur USA[80]. Außerdem sind Mitgliedsstaaten wie Österreich oder Irland nicht bereit, einem Militärbündnis beizutreten, was das Fortbestehen nationaler Armeen in der EU zur Folge hätte[81].

---

[79] Vgl. Holzhauer, M./ Staack, M./ Weiss, M. 2008, S. 76ff
[80] Vgl. Gareis, S./ Lang, S./ Varwick, J. 2008, S. 87ff
[81] Ondarza, Nicolai von & Jonas, Alexandra 2010, S. 181f

Literaturverzeichnis

Algieri, Fanco. *Die Gemeinsame Außen- und Sicherheitspolitk der EU.* Wien: facultas wuv, 2010.

Behrendt, Wolfgang, Interview geführt von Jan C. Etscheid. (03. 08 2011).

Bonn Sustainability Portal. 27. 04 2010. http://bonnsustainabilityportal.de/?p=6548&lang=de (Zugriff am 24. 04 2011).

Borchard, Ralf. *tagesschau.de.* Herausgeber: BR-Hörfunkstudio London. 20. 11 2009. http://www.tagesschau.de/ausland/ashton116.html (Zugriff am 20. 04 2011).

Brummer, Klaus, Martin Florack, und Sybille Lang. „"Ja zur ESVP, aber..."- Militärische Aspekte der ESVP und die europäische und deutsche öffentliche Meinung." In *Militärische Aspekte der Europäischen Sicherheits- und Verteidigungspolitik im Lichte der deutschen EU-Ratspräsidentschaft,* Herausgeber: Franco Algieri, Sybille Lang und Michael Staack, 126-145. Bremen: Edition Temmen, 2008.

Bundeszentrale für politische Bildung. 2003. http://www.bpb.de/publikationen/90DR2J,0,0,Internationale_Beziehungen_I.html (Zugriff am 29. 05 2011).

Deutscher Bundestag. 25. 11 2009. http://www.bundestag.de/presse/hib/2009_11/2009_283/01.html (Zugriff am 04. 12 2010).

EU External Action. http://www.consilium.europa.eu/eeas/security-defence/eu-operations/completed-eu-operations/concordia.aspx?lang=bg (Zugriff am 25. 07 2011).

eu-oplysningen.dk. http://www.eu-oplysningen.dk/euo_en/spsv/all/11/ (Zugriff am 12. 10 2011).

EurActiv.de. 11. 05 2011. http://www.euractiv.de/druck-version/artikel/ashton-versteht-ihre-aufgabe-nicht-004796 (Zugriff am 03. 06 2011).

EurAktiv.de. 07. 12 2010. http://www.euractiv.de/342/artikel/der-ead---aussenpolitik-auf-hohem-niveau-004034 (Zugriff am 12. 03 2011).

EurAktiv.de. http://www.euractiv.de/globales-europa/linkdossier/der-europaeische-auswaertige-dienst-ead-000120 (Zugriff am 12. 11 2010).

EurAktiv.de. 26. 03 2010. http://www.euractiv.de/europa-2020-und-reformen/artikel/ashtons-franzsische-spinne-im-ead-netz-002896 (Zugriff am 14. 04 2011).

EurAktiv.de. 26. 04 2010. http://www.euractiv.com/de/zukunft-eu/ashton-praesentiert-neues-design-fuer-eu-diplomatendienst-news-473240 (Zugriff am 02. 05 2011).

EurAktiv.de. 29. 01 2010. http://www.euractiv.com/de/erweiterung/eu-staaten-uneins-kosovo/article-170386 (Zugriff am 23. 03 2011).

europa.eu. http://ec.europa.eu/commission_2010-2014/ashton/about/cv/index_en.htm (Zugriff am 21. 04 2011).

europa.eu. 18. 10 2010.
.http://europa.eu/legislation_summaries/foreign_and_security_policy/cfsp_and_esdp_implementati
on/rx0013_de.htm (Zugriff am 23. 02 2011).

europa.eu. http://eeas.europa.eu/delegations/web_en.htm (Zugriff am 29. 08 2010).

Europäische, Union, Hrsg. *EUROPA.eu.* http://europa.eu/lisbon_treaty/glance/index_de.htm (Zugriff
am 25. 09 2011).

European Union. *European Union: Catherine Ashton.* http://ec.europa.eu/commission_2010-
2014/ashton/index_en.htm (Zugriff am 28. August 2011).

„Examen Europaeum." http://www.examen-europaeum.com/EEE/pdf/DiedreiSaeulen.pdf (Zugriff
am 12. 08 2011).

Frankenberger, Klaus-Dieter. „Ein Beginn ohne Strahlen." *Frankfurt Allgemeine Zeitung*, 11 2009.

Fröhlich, Stefan. *Die Europäische Union als globaler Akteur.* Wiesbaden: VS-Verlag für
Sozialwissenschaften, 2008.

Gräßle, Ingeborg. „Inge Gräßle." 03. 08 2011. . http://www.inge-
graessle.de/image/inhalte/file/Graessle%20Botschafterernennungen%2003%2008%202011.pdf
(Zugriff am 13. 10 2011).

Herrmann, Christoph. „Verbessert der Lissabonner Vertrag die außenpolitische Handlungsfähigkeit
der EU?" In *Von Nizza nach Lissanbon - Neuer Aufschwung für die EU*, Herausgeber: Bernd Rill, 117-
124. München: Hanns-Seidel-Stiftung.

Jonas, Alexandra, und Nicolai von Ondarza. „Schlussfolgerungen und Empfelungen." In *Chancen und
Hindernisse für die europäische Streitkräfteintegration*, von Alexandra Jonas und Nicolai von Ondarza,
167-186. Wiesbaden: VS-Verlag für Sozialwissenschaften, 2010.

Klink, Oberst i.G. Eckart. „Zwischenbilanz der militärischen Aspekte der Europäischen ESVP nach dem
deutschen EU-Vorsitz." In *Militärische Aspekte der Europäischen Sicherheits- und Verteidigungspolitik
im Lichte der deutschen EU-Ratspräsidentschaft*, Herausgeber: Franco Algieri, Sybille Lang und
Michael Staack, 146-148. Bremen: Edition Temmen, 2008.

Bertelsmann-Stiftung, Hrsg. „LMU." tns-emnid. 02. 06 2006.
http://www.cap.lmu.de/download/2006/2006_GPC_Survey_Results_Deutsch.pdf (Zugriff am 03. 10
2011).

Mölling, Christian, und Jörg Schlickmann. „Schnelle militärische Krisenreaktion in der EU:
Battlegroups und wie weiter?" In *Militärische Aspekte der Europäischen Sicherheits- und
Verteidigungspolitik im Lichte der deutschen EU-Ratspräsidentschaft*, Herausgeber: Franco Algieri,
Sybille Lang und Michael Staack, 60-75. Bremen: Edition Temmen, 2008.

Nawparwar, Manazha. „Universität Halle." Herausgeber: Institut für Wissenschaftsrecht der Uni
Halle. 05 2009. http://www2.jura.uni-halle.de/telc/Heft4.pdf (Zugriff am 13. 07 2011).

Quille, Gerrard. „EU Parlament." 09 2006.
http://www.europarl.europa.eu/meetdocs/2004_2009/documents/dv/091006eubattlegroups_/091
006eubattlegroups_en.pdf (Zugriff am 12. 09 2011).

Rinke, Andreas, Ruth Berschens, und Thomas Ludwig. „Machtkampf um den neuen europäischen
Außendienst."

Schmidt, Siegmar. „Fortschritte und neue Herausforderungen in der Europäischen Außen- und
Sicherheitspolitik." In *Die Europäische Union nach dem Vertrag von Lissabon*, Herausgeber: Olaf
Leiße, 195-219. Wiesbaden: VS-Verlag für Sozialwissenschaften, 2010.

Schurian, Bertram. *Genius.* http://www.genius.co.at/index.php?id=388 (Zugriff am 03. 06 2011).

Schwarz, A. *Pelagon.* 13. 08 2011. http://www.pelagon.de/?p=3079 (Zugriff am 14. 08 2011).

TheEpochTimes. 26. 04 2010. http://www.epochtimes.de/570378_eu-aussenminister-ringen-um-
aufbau-von-auswaertigem-dienst-fuer-europa.html (Zugriff am 20. 07 2011).

Truger, Arno. „Zivile Sicherheitspolitik." In *Europäische Friedenspolitik*, Herausgeber: Österreichisches
Studienzentrum für Frieden und Konfliktlösung. Wien: Lit Verlag, 2008.

von Ondarza, Nicolai. „Allgemeine Leitlinien in der Sicherheits- und Verteidigungspolitik." In *Chancen
und Hindernisse für die europäische Streitkräfteintegration*, von Alexandra Jonas und Nicolai von
Ondarza, 43-62. Wiesbaden: VS-Verlag für Sozialwissenschaften, 2010.

von Ondarza, Nicolai. „Verfechter eines wirksamen Multilateralismus? Sicherheits- und
Verteidigungspolitik auf der internationalen Ebene." In *Chancen und Hindernisse für die europäische
Streitkräfteintegration*, von Alexandra Jonas und Nicolai von Ondarza, 113-140. Wiesbaden: VS-
Verlag für Sozialwissenschaften, 2010.

Wagner, Wolfgang. *Die demokratische Kontrolle internationalisierter Sicherheitspolitik.* Baden-Baden:
Nomos, 2011.

Wesel, Barbara. *Deutsche Welle.* http://www.dw-world.de/dw/article/0,,4911599,00.html (Zugriff
am 27. 04 2011).

Wilms, Carsten, Interview geführt von Jan C. Etscheid. (03. 08 2011).

Interviews

I. Wolfgang Behrendt,

Head of Political and
Economic Section,
Delegation of the EU,
Chisinau

Was sind die Aufgaben der Vertretung der EU in der Republik Moldau?

Einmal ist es natürlich die Aufgabe Verbindung, Kontakt mit dem Land zu halten, wir vertreten die
EU, d.h. die Kommission, den Rat und die Ratspräsidentschaft hier und wir unterstützen die Regie-
rung allgemein in Fragen zu Europa, d.h. wir führen einen politischen Dialog, wir unterstützen sie [die
Republik Moldau] finanziell und halten allgemein Kontakt.

Wie sehen sie die Aufgabenverteilung zwischen Ihnen und den nationalen Botschaften?

Wir vertreten wie gesagt die EU, d.h. natürlich die Politik der Kommission, aber auch die Politik der
Mitgliedsstaaten. Wir machen hier die Koordinierung der Position der Mitgliedsstaaten hier in Moldau, seit dem Inkrafttreten des Lissaboner Vertrags haben wir Präsidentschaft. Und ich kann nur
sagen, hier funktioniert das sehr gut, wir haben eine ziemlich enge Kooperation, wir haben alle zwei
Wochen ein Treffen mit den Botschaftern, wo die verschiedenen Dinge und Positionen besprochen
werden, dass man dann einheitlich auftritt.

Welche Projekte unterstützen Sie konkret finanziell?

Wir haben, wenn man alles zusammennimmt, ca. 100 Mio. € pro Jahr, das sind verschiedene Arten
aus bilateralen Programmen, aus regionalen Programmen und einer Sache, die nennt sich Debt Management and Financial Analysis System. Das ist zur Unterstützung des EAF-Programms. So allgemein
unterstützen wir hier mehrere Sektoren, wir wählen jedes Jahr mehrere Sektoren aus. Dieses Jahr
wird es z.B. der Energiesektor sein, nächstes Jahr wird es der Gesundheitssektor, wir haben bereits
den Sozialsektor gemacht. Dann machen wir Projekte im Justizbereich, Antikorruption, eigentlich
eine ganze Bandbreite verschiedener Projekte.

*Wie unterstützen Sie die Republik Moldau politisch im Kampf gegen Korruption und Vetternwirt-
schaft?*

Man muss sagen, wir haben Verhandlungen zu einem Assoziierungsabkommen begonnen, was vor
allem dazu dienen soll, die Republik Moldau einfach näher an die EU heranzubringen und die bilaterale Kooperation auf eine neue Rechtsgrundlage zu stellen. Dann haben wir jetzt angefangen mit
Verhandlungen zu einem Luftfahrtabkommen, wir haben Visadialog mit der Republik Moldau mit
dem langfristen Ziel Visafreiheit. Dann ist in Vorbereitung, wir haben inzwischen das Mandat erhal-

ten, die Verhandlungen für ein Freihandelsabkommen deeper comprehension freegion agreement heißt das. Außerdem führen wir den human rights dialog mit dem Land, als durchaus zahlreiche Projekte. Zum Punkt Korruption, in unseren Projekten wird ständig darauf geachtet, dass die Projekte, die immer eine Antikorruptionsklausel enthalten, korrekt abgewickelt werden. Wir haben aber auch ein Projekt, das jetzt bald anfängt, das ist ein spezifisches Antikorruptionsprojekt mit einem Volumen von 2,5 Mio. €.

Sind diese Maßnahmen auch Vorbereitungen für eine mögliche Mitgliedschaft der Republik Moldau in der EU?

Das ist letztendlich eine politische Entscheidung, die noch nicht getroffen wurde, d.h. Moldau hat noch keinen Kandidatenstatus. Aber es ist klar, es ein Schritt näher an die EU und es wird dann später entschieden von den Mitgliedsstaaten ob Moldau diesem Status bekommt und wie es weitergeht. Aber erst mal wichtig ist, dass die Republik Moldau ihren Teil dazu beiträgt, ihre Aufgaben erfüllt und dann ist es auch leichter ein Stück weiter zu gehen.

Die EU scheint hier offensichtlich ein hohes Ansehen zu genießen. Können Sie das bestätigen?

Die EU hat hier ein sehr hohes Ansehen, man kann sagen, dass ca. 70% der Bevölkerung den Kurs auf die EU unterstützen. Es gibt praktisch keine Partei, die es sich erlaubt oder auch erlauben kann Wahlkampf gegen die EU zu machen.

Meinen Sie denn auch, dass die EU hier von der Bevölkerung als Heilsbringer gesehen wird, diese Erwartungen aber teilweise enttäuscht werden?

Es ist korrekt, die Erwartungen sind enorm hoch, d.h. was man hier machen muss, im Englischen würde man sagen „Management of expectations". Man muss klar sagen es gibt viele Vorteile, aber es ist auch eine Kraftanstrengung für die Bevölkerung, es sind auch Dinge die Geld kosten, wie Angleichung von Standards im Umweltbereich, Transportbereich, Dienstleistungsbereich, in vielen Bereichen, die auch Geld kosten aber auch die Situation der Bevölkerung verbessern. Klar, viele sehen in Europa die Hoffnung, langfristig einer Mitgliedschaft und damit verbunden auch Wohlstand. Wobei, was ich immer wieder sage, der Wohlstand kommt nicht dadurch, dass man hier ein Papier unterschreibt, Mitglied in der EU wird oder ein Assoziierungsabkommen unterschreibt, sondern Wohlstand kommt dadurch, dass man im Grunde Rechtssicherheit schafft und durch die Rechtssicherheit ausländische Investoren in das Land kommen und das bringt das Land weiter.

Inwiefern hat sich in den letzten 10 Jahren Moldau politisch und gesellschaftlich verändert?

Ich bin hier seit September 2008 und im April 2009 war hier ein großer Umbruch was mit Neuwahlen endete und Demonstrationen gegen die kommunistische Partei und einem Wahlsieg für die Allianz für europäische Integration. Ich muss sagen, es hat sich eben viel getan, gerade im Bereich der Gesetzgebung und in der Annäherung an Europa. Es hat sich schon viel verbessert, auch die Hilfen wurden aufgestockt, d.h. es wurde mehr Geld an Moldau gezahlt. Was aber noch stärker sein muss ist

die Umsetzung dieser Gesetze und bestimmt harte Reformen z.B. im Justizbereich und was sie angesprochen haben, Korruptionsbekämpfung.

Nun ist immer wieder von Streitigkeiten innerhalb der Regierung zu hören, der Ministerpräsident drohte kürzlich sogar mit seinem Rücktritt. Ist diese Regierung wirklich handlungsfähig?

Ja, ich meine schon, dass die Regierung handlungsfähig ist. Es ging dort um bestimmt Reformen, die er durchdrücken möchte, es ich auch eine Koalitionsregierung mit unterschiedlichen Ansichten in welche Richtung die Reformen gehen sollen, und um harte Reformen durchzudrücken muss man manchmal sein ganzes Gewicht in die Schale werfen, das macht er eben mit dieser Rücktrittsdrohung. Und ich meine der große Bereich, um den es geht, ist Jusitzreform, und das ist so ein schwieriger Bereich.

Sehen Sie die immer stärke Orientierung Moldaus in Richtung EU als Chance oder auch als Problem?

Erstmal freuen wir uns, wenn Staaten auf die EU zugehen, deren Werte und Ansichten teilen, aber Länder wie Moldau, Ukraine auch Georgien sind Teil der Eastland Partnership, und es ist ja gerade der Sinn der Eastland Partnership die Integration dieser Länder voranzutreiben. Das ist aber nicht zu sehen in einer Abgrenzung zu Russland, wir möchten durchaus, dass Moldau gute Beziehungen zu Russland hat, weil die EU selbst Russland als wichtigen Partner hat.

Wie sehen Sie die zukünftigen Chancen für Moldau?

Es ist ein großes Problem hier, dass junge Leute, die hier ein paar Jahre warten, dann ins Ausland gehen, weil sie hier keine Perspektive sehen. Und diese Leute sind dann normalerweise weg, die kommen nicht wieder. Das wird in der Zukunft ein großes Problem sein. Andererseits tut sich im Moment gerade so viel, dass ich Moldau auf dem richtigen Weg sehe, der aber noch sehr weit ist.

II. Carsten Wilms

Ständiger Vertreter in Chişinău

Welches Verhältnis pflegt Deutschland zu Moldau?

Moldau ist einer unserer engsten Partner in der östlichen Partnerschaft, es ist
ein Nachbarstaat der EU und es ist ein Staat, den wir sehr stark unterstützen
bei seiner Europäischen Integration. Also Reformen hier im Land und eine
enge Zusammenarbeit seit 2009 hier die Allianz für Europäische Integration an der Regierung ist.
Diese hat sich ein starkes Reformprogramm gegeben um das Land zu stärken und näher an die EU zu
führen.

Die Armut hier ist offensichtlich immer noch sehr groß. Welche Lösungsansätze verfolgt Deutsch-
land hier?

Die Armut lässt sich wirksam eigentlich nur dadurch bekämpfen, dass man die Wirtschaft stärkt und
aufbaut. Das ist aber nur durch ausländische Direktinvestitionen möglich. Natürlich muss auch die
Bildung verbessert werden, damit Investoren hier auch gebildete Fachkräfte vorfinden. Daneben sind
die Infrastruktur und auch die Rechtssicherheit für Investoren entscheidende Kriterien.

Inwiefern unterstützt Deutschland Moldau konkret?

Zunächst dürfen sie nicht vergessen, dass die Fördermittel der EU auch vom deutschen Steuerzahler
mitfinanziert werden. Zum anderen fördern wir Moldau über die Hilfen der EU hinaus. Wir machen
sehr viel im sozialen und humanitären Bereich, im Bildungsbereich. Ganz konkret sind das zum Bei-
spiel Schulrenovierungen, Kindergartenrenovierungen oder Verbesserung der Lebensqualität für
behinderte Menschen.

Wie sehen Sie die immer stärke Orientierung zur EU und weg von Russland?

Ich denke bei Moldau ist es schwierig, es den klassischen geopolitischen Einflussfeldern zuzuordnen.
Russland ist auf jeden Fall ein sehr wichtiger Partner, ein großer Teil der Bevölkerung ist Russisch-
sprachig und stammt aus anderen Teilen der ehemaligen Sowjetunion. Natürlich ist Russland ein
wichtiger Partner, vor allem Handelspartner, Partner für Energie. Und diese Orientierung zur EU sollte man jetzt nicht als Abkehr von Russland sehen sondern vielmehr als neue zweite Partnerschaft.

Wie sehen Sie die zukünftige Entwicklung Moldaus und die Beziehungen zur EU?

Man sieht, dass die EU hier ein sehr gutes Ansehen hat, sehr guten Zugang zu den Regierungstellen und dass das Wort der EU hier schon ein sehr großes Gewicht hat. Dass die EU auch sehr interessiert ist an Moldau, vor kurzem war der Präsident des Europäischen Rates van Rompuy, hier in Chişinău. Letztendlich muss man abwarten wie die Reformen in den nächsten Jahren voranschreiten werden, aber ich denke schon, dass Moldau den bisherigen Weg weitergehen wird, mit der Unterstützung der EU und anderer Organisationen.